FRAGMENTARIO ABSOLUTO

SAEL IBÁÑEZ

Caracas, Venezuela

Imagen portada: El Auriga de Delfos (474 a. C.). Detalle de la escultura
Fotografía contraportada: Aurismar Villamizar

ISBN:

CONTENIDO

PRESENTACIÓN

PALABRAS PARA SAEL IBÁÑEZ

"Vivir artísticamente". Eso reza uno de sus poemas.

Quien tuvo la fortuna de conocer personalmente a Sael Ibáñez y de cultivar su amistad comprenderá, *ipso facto*, el hondo sentido de la frase puesta en verso. El entusiasmo en todo su esplendor, la palabra heredada de los griegos, el endiosamiento que, como un fulgor pleno de sombras y claridades, toma por casa el corazón del hombre.

Un ser entregado al sentir, un ser en el que la palabra, el verbo, son parte indivisible de la vida. Un vivir colmado de sorpresas al que todo causa asombro, ese ha sido el testimonio de un hombre entregado a la belleza, al canto y a la celebración.

"El poeta es un hombre que lo siente todo", dijo alguna vez Ungaretti. Y así caminó Sael por la vida. Y uno siempre quería ir al lado suyo, tan sólo por sentir ese fervor. Porque gusto del alma da ir al lado de aquel hombre que abreva en el rumoroso afluente del corazón y la memoria.

La última sorpresa que nos dio, creíamos, fue la de su abrupta e inesperada despedida. Y nos puso a levantar los puños a los cielos, cual un ahogado Maldoror, tan sólo para, instantes después, bajarlos y bendecir su presencia en nuestras vidas.

Nunca he podido escindir la poesía de todo acto creador. No hay arte sin poesía. Y allí encontramos una honda consonancia en el culto por la belleza y la creación a los que dedicara su vida, por entero, Sael Ibáñez.

Un poema y un poemario. Esa ha sido otra de sus últimas sorpresas. *Fragmentario absoluto*, es la frase de crisol que les identifica y

7

nos da aviso de lo que este libro contiene, como un cofre dentro de un cofre de preciados tesoros, el cual sólo podrá abrirse para quien venga con alma de mariposa dispuesta a posarse en cada hoja.

El libro estaba ya cerrado y redondo dentro del cofre. Pero pocos días antes de iniciar su derrotero a otros confines, le entregó a su hija un último poema, que no podía quedar afuera; colofón a una vida entregada al crear, el título de ese poema nos sugiere una postrera belleza:

TODOS SON EL MISMO.

Luis Alejandro Contreras

TODO VALE EN LITERATURA

Todo en literatura ha sido
esbozado
inclusive tu caída

que puede ser lenta o mortal
que puede ser influencia de otros
o engendrada por ti mismo.

Todo en literatura tiene su letra
verdad y engaño sobresalen
ficción y realidad amasan el pan
de cada obra

que puede ser sonora
que puede ser un mapa
de su propia memoria.

Todo vale en literatura
ir, volver, dar rodeos
contradecirte, todo vale
salvo la infidelidad –dura
enfermedad que aniquila
toda suerte de ansia enamorada.

VIVO EN OTRA PARTE

Yo tuve
mi inmortalidad
mi vida eterna
eso fue cuando estaba
menos cansado.

Tuve una edad
para eso
tuve una edad

y de hecho fue
así
mi inmortalidad

entonces sabía que
no podía morir
sin dejar huella
de mi paso por
el mundo.

Mi vida eterna
risueña
acostumbraba mirarme
de frente

eso fue
cuando todavía
no estaba cansado.

Ahora todo es del
pensamiento
vivo en otra parte.

.

LO ESCRITO

He cruzado un abismo
al escribir páginas
que han dicho más de mí
que yo mismo.

No deseo ver fielmente
su fondo oscuro
o no puedo

queda la sedimentación
de sentimientos que piensan
queda el oro de mi disponible
melancolía
queda tal vez lo perdurable.

Hablo y escribo de sueños ocultos
cuyo destino
no es una página en blanco

hay signos y símbolos ostensibles
que cada quien hará suyos con impar
verse a sí mismo.

Peso del corazón
peso ferviente y fiel
lumbre de lo soñado
reflejo de lo insondablemente
vivido
lo escrito protegido está

es de todos
mi alma compartida.

SOLEDAD

Solitario como
he sido
no me veo en
la necesidad de
hacer de la soledad
un ejercicio

está en mí

compañera ha sido
de mis días.

En nuestros encuentros
más formales
hablamos de indagaciones
no de resultados.

Y hemos acariciado
una que otra vez
servir de ejemplo
a los que sobreviven
con ingenio.

La soledad ha visto
por mí
durante claras
madrugadas de insomnio.

La soledad he dicho
y se mantiene ahí
porque sabe de largas vigilias
y yo me mantengo
de acuerdo con ella
mi real compañía.

Les hemos salido al paso
a malentendidos y rencores
de algunas individualidades
cortejadas de muchedumbres.

Nos quieren aislar
todavía más.

Ahí está ella
a la espera
mientras mi mirada
ha permanecido insondable
sobre su perfil único y ejemplar.

VIVIR ARTÍSTICAMENTE

Para escribir necesité
siempre
vivir artísticamente.

Vivir artísticamente no es
adornar un propósito
no es

acariciar resultados
no es
azuzar la voluntad.

Vivir artísticamente requiere
estímulo de estímulos, no ley
ni despliegue de ideas

precisa
sonoridad de sonoridades
hacia donde confluyen todas las artes

implica
aprender, también desaprender
capacidad de sedimentar el olvido

vivir artísticamente genera
suspensión, sorpresas
disposición de mantenerse en ellas.

Para escribir necesité
siempre
vivir artísticamente.

CREAR

Todo lo demás
tiene solución
lo importante es
crear.

La vocación derrama
sobre sí misma
su férrea carne imaginaria
llena de luz.

Importa la angustia
y el sonido
para que la imagen muestre
su cara apacible.

Atrás hubo desbrozos
perplejidades itinerantes
visión tenue
hasta cultivar sonoridades.

Que el pensamiento esté
en manos de los que saben
mientras tanto nosotros forjamos
trabajadas sensaciones.

Lo importante es
crear
mientras de misterio
esté iluminado el espíritu.

La verdad no acepta
escritura
la ansiedad libera
su lenguaje inhabitable.
Que tenga el ánimo final
su camino de gloria
que lo recorra
esparciendo claridades.

EMOCIÓN Y CREACIÓN

La emoción sola
no escribe.

El cuerpo entero y
su aliado el espíritu
tienen la palabra

disponen de ella al
convertirme —de forma
omnímoda— en
amanuense de dioses.

Espíritu y cuerpo exponen
y buscan dar forma a toda
una avalancha de entusiasmos

para que sea la letra quien
testimonie que he vivido
en orden al arte y la creación.

Son ellos los que aprestan sobre
las páginas —verdaderas llanuras
holladas por vocablos— todas las
aventuras del mundo.

CREACIÓN

Unas veces me lleva el sentimiento
forjador de historias
otras el lenguaje
hacedor de imágenes que desean
viajar hacia lo absoluto.
En el medio me encuentro
más solo que una lámpara
en la noche oscura del alma.
Y sin embargo es esa luz
la que justifica la vigilante presencia
del universo a esta hora.
En su momento me corresponderá
apagarme y comenzar a ser parte
del todo.
Mientras tanto mi naturaleza está
en armonía con la naturaleza de
los dioses.

EDAD DE ORO

Se puede tener
cualquier edad pero
sin obra
no hay edad de oro

sin haber logrado escribir
lo que estás llamado a
escribir
mientras hayas sido fiel
mientras sigas siendo fiel
no lo dudes
todavía estás en edad del
coraje dorado.

Estás anulado sólo cuando
la obra no es gloria del arte
para lo demás no hay edad.

Aunque camines a rastras
por el peso de los años
si la obra no está concluida
todavía hay tiempo si eres fiel
de que llegue tu edad de oro.

FICCIÓN, BRILLA

Hoy deseo suspender
toda mi capacidad de
poder distinguir
una cosa de otra

hoy deseo enceguecerme
de ilusión
aspiro a atrapar en mi
espíritu

un instante mayor
oriundo del ensueño y
la fantasía
un instante.

Luce ficción para mí
tus mejores atuendos
brilla de legitimidades de olvido
ofrece todo como nuevo y oportuno

que nada aparezca dislocado
aun cuando tratemos con materia
de sueño, imaginaria, maleable
luce como si tu peso fuera inamovible

muéstrate atrevida, feliz, inaugura
temples y personajes que el tiempo
no sea capaz de anular sin tristeza y
sensación intensa de pérdida inevitable.

POESÍA

Siempre he entendido
la poesía.

Aunque no la entienda
siempre he entendido la poesía.

No busco en ella
la acepto.

Ingresa en mí como
la luz a mis ojos
y no le pongo barreras
a su paso.

Acepto la poesía como lo que
viene a la vida de forma inevitable
aunque a veces no entienda
de qué se trata.

Pero basta que ella llegue
para decir entra y la atiendo.

Está en mí.

Es como algo natural.

Siempre he atendido a
la poesía.

Si resulta oscura
tengo paciencia en
entenderla
si clara, me cuido de
apresurarme a entenderla.

MI ESPÍRITU Y YO

Mi espíritu
posee vuelo
goza de encanto
no le teme al misterio
es buena su salud

mi espíritu, sí
el que ensueña.

Sabe cabalgar
mi espíritu sobre
todo lo digno de
dejar atrás y ya
no soporta los refugios

terco, ensoñador, vibrante
(así me aguarda)
porque se adelanta
mientras yo indago
en un mapa sin destinos.

PLACIDEZ

Me juego mi
voluntad
en lograr volcarme sobre
una brecha exquisita
donde pueda visualizar
mi vida
hecha oído y equilibrio

dos caminos en uno y
por fin decir que he estado allí
que recuerdo con firmeza una ruta
que me llevaría al placer absoluto
de haberme sentido en paz
y en mis fueros haber encontrado
la memoria, placidez y
un conocimiento sonoro

donde cada imagen pueda ser
traducida en palabras amables y
sencillas
en medio de un candor que no cesa.

LEYENDO A QUASIMODO

De muerte
vive el hombre
de muerte que brota
en la naturaleza
como una flor o
como un fin

cada gesto
una moneda de felicidad
o de dolor

el ojo aviva
todo movimiento
del ser

y se escucha la ventura
de las palabras

nos encontramos en plan
de revisión
para hacer dichoso
o duro el corazón

hoy llueve sobre el mundo
una tristeza de oro.

LEYENDO A M. YOURCENAR

El día que
el trébol
sacrifique una
de sus tres hojas
te visitaré
en tu tierra desamparada

luego te llevaré
de la mano
hacia la noche virgen
la cual espera detrás de
muros que
en otra época
protegieron a caballeros
vencedores

y más tarde a
hijos de esa estirpe
cuyo pasado reposa
en ojos silenciosos
guardadores de secretos.

LEYENDO A PAZ

Cuando no escribo
no existo
puedo hablar
de vacío

cuando deseo volver
al mundo
necesito sentir la escritura
convertirme en escritura

si eso ocurre
me resulta fácil
verme
en lo escrito

sin escritura no existo
no hay deseo de verme
ella es
imagen que refleja.

LEYENDO A KAFKA

Nadie va por la pista
del tesoro.

La mayoría se mueve
ajetreada
lejos de ella.

Quienes logran pisarla
se mantienen contemplándola
sin moverse.

Todos han perdido habilidades
para recorrer la ruta del misterio
hecho visión absoluta.

La ruta sólo invita
como toda sorpresa
como toda ilusión a cumplir.

EL NIÑO ES PADRE DEL HOMBRE

Mi débil cuerpo se llena de
gloria
cuando lo agarra el entendimiento
entre las aguas del sueño
de que el niño es padre del hombre.

La simetría que conduce la fuga
de un dios salvaje
aconseja no dirimir espacios más allá
de las aguas que surgen de una memoria
infantil
oscuro fondo donde brotan los sueños.

Y debiste confesar tu pureza absoluta
el día de la huida serena
al pie de un estuco domesticado
como si la sola libertad del cuerpo
no bastara para ser feliz.

Campo abierto libre de plagas
sacrosanto vientre de agua
acepta mi clave, mi lustre de inocencia
y proclama la fertilidad de un cuerpo a
la intemperie.

No olvides la celebración última
el claro y el borde
el esplendor, el líquido temblor
la inocencia –no la virtud
pues no tiene nombre venerable
la desnudez natural que vuelve a
la naturaleza
la aceptada belleza que desde siempre
reposa sobre un arroyo que se acaba de
detener
para ofrecernos en el cielo abierto
una rendija que nos permita ingresar en
los dominios de una efervescencia ansiosa
de sosiego.

Mi débil cuerpo se llena de
gloria
cuando lo agarra el entendimiento
entre las aguas del sueño
de que el niño es padre del hombre.

DÍAS DE MI ADOLESCENCIA

Durante aquellos días
de mi adolescencia
andaba en un mundo
diferente
digo diferente y es así
pues era yo y no al mismo tiempo.

Vivía entonces
a partir de lo que veía
en las películas a las que
acostumbraba ir en el cine de mi pueblo.

Entonces yo era otros
que llegaban a vivir en mí
era el actor de mi existencia
múltiple y sonora.

No sabía a
plenitud
identificar qué había de
real
qué de ficticio o ilusorio
en mis actos de todos los días

como decir que lo plural
habitaba en los hechos de
mi elemental existencia

y todo porque en ese entonces
gracias a un arte domesticado
mis ojos eran capaces de
multiplicar mi alma
como un viento que esparce aventuras.

PLENILUNIO

A esta hora
cuelga del cielo
el libro de la
imaginación.

Lustre y fervor
he tenido y
he permanecido
lleno de reposo

al dejarme guiar
por el paso de la
luz
en la sombra.

La más calma de
las claridades
a esta hora
cuelga del cielo

y nunca vuelvo
a ser el mismo
cuando el plenilunio
visita mi corazón.

SERÉIS COMO DIOSES

Cuando llegamos
ya la fiesta había comenzado.
En ese tiempo
todas las festividades se realizaban
a campo abierto.
Se juegan todos los juegos
se aprovechan todos los escondites.
La luna de marzo
enorme y vieja
luce vigilante
nadie escapa a su mirada luminosa
la más calma de las claridades.
Como niños, a los que
la noche atemoriza, se estrechan
el uno contra el otro, y sin embargo
no hay temor.
Las campanas de la iglesia
anuncian que existimos más allá
de nosotros mismos.
Nuestros padres pagan
el tributo debido
les sobra tiempo para ello
estamos en el mundo pero también

fuera de él.
La noche, la esperada noche llegó
y fue inevitable que se escucharan
sus voces
¿alguien las escucha?
Su voz ronca
su voz suave.

Amor mío, te toco y no siento
tu cuerpo.
Amor, estoy aquí.
La Divinidad debe de ser así.
¿Cómo así?
Tú y yo aquí.
Amándonos.
Sí, pero no siento
tu cuerpo.
Es porque comenzamos a ser
como dioses.
Somos hermanos.
Somos divinos.
Somos hermanos, amor mío.

Hace rato ya arden candelas
en el campo.
Se ha iniciado el recogimiento
de los cuerpos.

La luna sigue colgando allá
el mundo está y no está.

Mañana volverá a ser
como nosotros
y no mostraremos temor.

DESESPERACIÓN

Nunca te desbordes
desesperación.
La calma que persiste en ti
la exigua calma que habita
tu intemperie
es dorada
como dorada es la inclinación
del día.

SUEÑOS DE LA CULPA Y EL TIEMPO

Entonces
vivían aquí
mi sueño de esperanza
y mi sueño de gloria

no eran uno y el mismo.

Largas distancias habitaban
mis ojos
desplazarme hería
mi corazón.

Más tarde aprendí
a cabalgar en el potro
de mi retorno secreto.

Infinito espejismo
llegaste a regirnos
en legítima simpatía
por lo minúsculo.

Entonces éramos
libres de perseguir o de
que nos persiguieran

entonces era perdurable
la luz de las tardes
que entre los árboles
bajaba
y era más nuestra que
del cielo.

Entonces yo vivía
para afinar mis sentimientos
hombre-niño que no sabe
donde colocar la sombra
del encanto.

Eran los tiempos cuando
el agua inventaba sonidos
al caer del cielo
cuando recogía a su paso
los sentimientos del mundo
para depositarlos en
la delicada heredad
de la simiente común.

Algo ha pasado
que nos hace diferentes
de nosotros mismos
aun cuando seguimos
viviendo

en el antiguo meandro solo
y terrenal.

Hoy convoco su esquina
de gloria
no la esperanza
pues inevitable resulta
ahora
vivir cargados de
sueños de la culpa y el tiempo.

SOLAR DE SIGNOS

Me asiento en
esa región
que es el lenguaje

ahí me he formado más
que en otro sitio

no tengo mejor patria
que ese solar de signos.

Pienso mediante sedimentados
pálpitos de palabras
hasta escoger la perfilada y
única

ella dirá más de mí
que las nostalgias y los días.

LAS PALABRAS

Siempre que las palabras
nos agarran por sorpresa
el corazón se levanta

cuando nos atrapan
las palabras
logramos expandirnos

cuando vemos
las palabras
en su desnudez esencial
qué significan entonces
qué dejan de significar

aparecen tan llenas de
claridad momentánea
únicas en su redondez

son significativas por
no buscar sólo significar

qué esplendor cuando
llegamos a sentirlas

permanecemos mudos
sin palabras
desnudos y perdidos en
profundidades.

SUEÑOS AÚN NO SOÑADOS

Diré tu nombre
lo diré
hasta ver que se convierta
en niebla de los boques.

Adonde vuelvo la mirada
surge un llamado a ser.

Me adentro hacia donde puedo
con mi arma entera —la palabra.

Me inclino ante la enumeración
indetenible
de encantos y fervores.

Una evasión vigorosa
me conduce
hacia un énfasis absoluto
donde habitan sueños aún
no soñados.

TANTO BUSQUÉ

Tanto dejé
en lo buscado
que he terminado
desnudo.

En un despojo de vida
vivo
y en esa condición vivo
más rico que los más ricos.

A eso me llevaron
una sostenida preñez
de incandescencias
y el solícito discernimiento.

Tanto busqué
con el oro en la mano
y la plegaria en el
corazón.

LIGERO DE EQUIPAJE

He vivido ligero de
equipaje
como si hubiera estado siempre
dispuesto a partir sin haber
llegado del todo.

En esa condición he vivido
ayuno de lo intolerable
versátil y con suerte –ágil
despreciador de llaves
capaces de hacerme dueño
de lo innecesario.

He andado por ahí
acumulando lo esencial
pesco aquí, tomo allá
justo lo justo
y lo demás
sólo mi vista lo revisa.

En ocasiones se trata de miradas
acariciantes –nunca ansiosas de
poseer y cargarme de materia
de infelicidad.

LO DIGO

Lo digo
porque siempre lo he pensado
si me dan la flor del encanto
ella me ayudará a romper muros
de contención —moradas de encierro.

Lo digo
porque siempre lo he pensado
de nada me sirve aprender si
ese aprendizaje no te impulsa
hacia las fronteras del ser.

Lo digo
porque siempre lo he pensado
ganar los cielos y la gloria
es tarea terrenal
ínclita jugada del diario vivir.

Lo digo
porque siempre lo he pensado
acariciar todo instante requiere
de eternidad acumulada en los
fueros donde la voluntad es un estilo

AUSENCIA DE LO REQUERIDO

Si todo consiste en
hacer real
lo vivido
¿habré tenido suficiente
asombro para desenterrar
lo valioso y efímero?

¿En cuál circunstancia he
ganado o perdido
el tesoro?

Cuando la mirada es mejor
conductora que el corazón
mi rostro se sonroja y le da
cabida al oropel

y entonces hablo más de lo
debido
ausculto lo lejano sin misterio
y evoco recuerdos con aire
melancólico.

Permanezco en la ruta elegida
mas dominado por lo llamado
a ser
ausencia de lo requerido.

ARQUITECTURA VISIONARIA

Siempre he deseado
estar a las afueras
en plena aventura
reconocerme

volver a los campos
de mi inocencia rauda y
libre
encumbrar la noche profunda
presenciar amaneceres renovadores
hechos de luz.

Siempre he deseado
echar tienda en cada
camino

que las paredes de mi casa
estén hechas de aire
que un arriba y un abajo
despejados
completen su arquitectura visionaria.

FINAL DE JORNADA

Es cosa sabida que
los problemas de alguien
pueden explicarse por no saber
permanecer sentado a solas
en los dominios de su cuarto.

A veces busco explicación para
mi vida
y esa imagen me atrae
como una solución.

Permaneceré vinculándome
cada día más
a la resonancia del lenguaje
al pensamiento mayor que
se forma de silencio.

Ahí encontraré la sombra del encanto
la limpieza, lo único y la especie.
Ahí relucirá el espejo de la duda cíclica
deteniéndose de pronto
en el cenit de un mediodía solar.

Ahí entenderé
mientras pasa el tiempo
que para ver de modo exacto
no basta la luz.

Memoria y olvido se volverán
esencia
y es cuando comprenderé
que también es un inicio
el final de la jornada.

PENSAR PROFUNDO

Vivo para alimentar de
destrucción lo edificado
envaso
en vacío rotundo
lo nuevo y lo nítido.

Mi cuerpo que caiga
deshaciéndose
honda mortaja que se
abre en luz.

Alcanzaré un testimonio
no buscado para
el mundo
en que sólo el arte
habrá actuado.

He cumplido con mi parte
de sagrado recipiente
donde se deposita lo mejor
para ser servido y consumido
en el propicio silencio del
pensar profundo.

HORA MUSICAL

La música
estando cerca
suena lejana
mientras leo poesía
espiritual.

En el silencio de
la madrugada
se oye
de manera musical
el movimiento constante
de la existencia.

En la lectura
se mueven hojas
a través de las cuales
pasa la luz oriental.

La música luce lejana
hay una voz poética
que modula firmezas

y la lectura es dorada
como el sol de la tarde.

BROTE

Soy la construcción de mí mismo
arraigo y desenvoltura soy
cuerpo que gana iluminación
según los impulsos nacen en él.

He visto en la noche estrellada
una imagen que me habla desde el fondo
de los tiempos y ahí ubico mi primera
memoria, mi primera analogía y el olvido.

Todo aprendizaje es una escalera
infinita
que vuelve sobre sí misma en
un movimiento de atracción y repulsión.

Al final surgirá la noción de que existo
mediante el gesto más sencillo y puro
un olor, un desvío del cuerpo, una mirada
sin después.

LA MULTITUD

La multitud es un bosque
donde me oculto de la mirada
ajena
me salva lo múltiple ciego
el árbol no existe aislado y
sereno.

La multitud, bosque desenfrenado
laberinto libre de dudas, sin vista.
Sorda la multitud que perdona
esconde al perseguido en sus entrañas
vivientes.

Negro movimiento tortuoso
la multitud es un bosque donde
desparezco sin dejar huellas en
medio del mundo.

SÓLO EL MUNDO EXISTE

Veo y sólo observo mundo
mundo, mundo
nada de mí
dentro vive el que no soy.

Un espejismo inmenso
nos aturde
vuelve prismas y luces
desvaídas
a personas y criaturas.

Cuánta necesidad de
uniformidad
para estar todos presentes.

Veo sólo secuencias
como en un film
que pasea su imagen
universal
sobre cada alma individual.

El mundo, el mundo
únicamente el mundo
existe
lo contemplamos
sin cesar.

RUIDOS DEL ALMA

Llegó la hora de los grandes
ruidos del alma
la del insomnio y el temor
la de la gloria mal lograda
la del pesimismo y el insulto
acarreo de malos sueños.

Existen, existirán otras torpezas
que tu ánima verá con rostro mustio
y servirán para dejar de atormentarla
la sublime creación, el cambio
la noble conjetura de que en este mundo
puede librarse toda lucha donde limpiar
se pueda
triunfos ahítos de miseria, el bíblico
porque no eres ni frío ni caliente
y la inútil querella que significa ver
detrás de un desacuerdo a un opositor.

INSOMNIO

La falta infernal
de sueño
comienza a levantar
su cruz
en este mundo.

Siempre volver sobre
sí mismo
con lucidez meridiana
de águila solar
en medio de la más plena
oscuridad.

Noches claras, largas, más bien
infinitas con techumbres de
luz alucinante.

Alba desgastada
flores moribundas
insania perversa
blanco absoluto.

Huye el agua del
cuenco
siempre es tarde
como hay insomnio

ninguna felicidad
me aprecia.

Sólo me resta darle
más luz al pensamiento
para que estalle en restos
de memoria.

TEATRO Y DOLOR

Uno cree que
su dolor es
el verdadero teatro.

Auditorio, personajes y
autor
uno se cree

la gran trilogía
cuando el dolor
tiene conciencia.

Dios, uno y trino
sabe tanto del dolor que
lo requiere de nosotros.

Dolor propio atestiguado
dolor del mundo
dolor de Dios.

Uno cree que
su dolor
es el verdadero teatro.

PASO DEL TIEMPO

A medida que el tiempo
pasa
todo se hace más sensible.

La edad es algo muy sensible
y sobre todo remuerde
estalla en imágenes perversas
el tiempo que ha pasado.

Todos han dejado de ser
sin morir
sólo una melancolía que lastima
mueve al mundo.

Así nos encontramos
al final
cada uno en su cuenca de dolor.

TIEMPO CONCLUIDO

En la madrugada profunda
espero.

Que vengan a destiempo
que no haya justicia ni perdón
hacia lo que hemos vivido.

Ya todo está concluido
y vivir se recoge en vasos sagrados
ayuno de reciprocidad.

Ya ha sucedido lo que
entrañaba tanto ser recibido
con bienvenida y gozo.

Ya no importa nada
aquí, ahora
hasta podría ser nuestro guía
lo perdido.

Te vería igual
a lo visto
o como un absoluto desconocido.

Aquí y basta
no es hora
de borrón y cuenta nueva

sólo de inclinación y derrumbe
y de algo que recoger para
el olvido.

SOMOS LA FLOR

Somos la flor
señalada

que viva vive del vacío
cáustico hueco de laberinto
hecho al aire

somos la flor vaciada
de encanto

somos la flor fragmentada
hija del siglo

nuestra es la ausente gloria
nuestro el temor nuevo

somos la flor
somos la flor.

DEL TODO BUSCO LA PARTE

Del todo busco
la parte

me inclino a deshora
en la hora precisa
invento el naipe para
entender el juego en
su azar.

Me inclino por la distancia
que se fragmenta a sí misma
en lúcidos finales absolutos
como un fiel imaginario que
sólo alcanza levantar castillos
en el aire

castillos que nacen y mueren
a relativa distancia uno de otro.

TODOS SON EL MISMO

Lo que de mí existe salvable
puede ser puesto en palabras luminosas
y oscuras al mismo tiempo
habrá de ser entendido por espíritus similares
y aceptadas por agrestes cómplices
nadie dirá del otro
salvo lo que precisa decir de sí mismo.
Es un coraje fraterno el que sumerge el mundo.
Es un cielo de esperanza cuando nadie duda.
Es espléndido el sueño de la noche vecina.
Es una curva el tiempo que lleva al amanecer.
Allí todos celebran —allí donde todos son el mismo.

Sael Ibáñez

(1948 – 2020)

Graduado en Letras en la Universidad Central de Venezuela, realizó estudios en España e Inglaterra, y un postgrado en Ciencias de la Información en la Universidad Simón Rodríguez. Fue director de la Biblioteca Nacional, de Monte Ávila Editores y de la Revista Nacional de Cultura. Durante 14 años encabezó la peña literaria Sinenomine y en 1996 obtuvo el Premio Municipal de Literatura. De acuerdo con su propio testimonio, todos estos méritos y ocupaciones siempre fueron secundarios frente a su preocupación fundamental: el oficio de escritor. Su otro libro de poemas, *ABC de la intuición* apareció en 2007. Como narrador publicó varios volúmenes de relatos y la novela *Vivir atemoriza*.

Made in the USA
Columbia, SC
13 September 2022

66709658R00059